Général E. DUBOIS

CONSIDÉRATIONS

SUR LA

Guerre de 1914=1915

PARIS
Henri **CHARLES-LAVAUZELLE**
Éditeur militaire
124, Boulevard Saint-Germain, 124
Même Maison à Limoges
1915

CONSIDÉRATIONS

SUR LA GUERRE DE 1914-1915

Général E. DUBOIS

CONSIDÉRATIONS

SUR LA

Guerre de 1914-1915

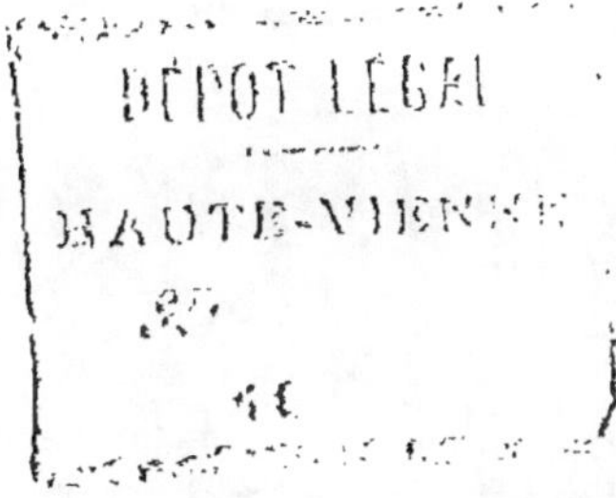

PARIS
Henri CHARLES-LAVAUZELLE
Éditeur militaire
124, Boulevard Saint-Germain, 124

Même Maison à Limoges
1915

Considérations sur la guerre

1914-1915

Cette étude n'a pas pour objet de commenter les
événements militaires qui se déroulent depuis plus de
huit mois sous les yeux du monde attentif et anxieux.

L'heure n'est pas venue d'un pareil examen.

C'est seulement un aperçu sur les origines du con-
flit gigantesque qui a mis l'Europe en feu, une ap-
préciation des causes principales qui ont amené
l'insuccès de notre adversaire, et, surtout, un exposé
rapide des procédés de guerre employés par les armées allemandes à l'égard des pays qu'elles ont
envahis.

Les divulgations des livres et autres documents
diplomatiques ont prouvé d'une façon péremptoire
que la déclaration de guerre à la France était préméditée, qu'elle a été faite par l'Allemagne à l'heure
choisie et voulue par elle; mais il paraît utile d'insis-
ter sur les raisons qui ont engagé à envahir le territoire belge, sur le manque de clairvoyance de la
diplomatie allemande et aussi sur les actes de brigandage commis, dès l'origine des hostilités, par les
armées d'invasion; actes de brigandage féroce, qui
étaient prévus et rentraient dans le plan général

d'attaque préparé de longue date par le grand état-major allemand.

Je sais bien que toute guerre exclut la douceur et la sentimentalité, que « l'essence de la guerre est nécessairement violence et que la modération dans la guerre n'est que faiblesse et imbécillité ».

Mais des attentats aussi monstrueux, une violation aussi odieuse du droit des gens et des conventions internationales qui ont voulu soustraire les non-combattants aux horreurs de la guerre, de semblables attentats, commis avec une préméditation indéniable, en dehors de l'action des champs de bataille, et dans le seul but de terroriser les habitants des régions envahies, sont contraires aux lois de l'honneur et indignes d'une nation civilisée. Il faut les stigmatiser.

Le haut commandement allemand et son impérial généralissime en supporteront les responsabilités; avec eux, l'Allemagne tout entière.

Et ces responsabilités, les alliés devront les poursuivre inlassablement et impitoyablement, *jusqu'à la réparation intégrale des droits violés* (1).

---

(1) « Les responsabilités de la guerre », conférence du 10 février 1915, par M. F. Laudet, à la Société des Conférences (*Revue hebdomadaire* du 20 février 1915).

I

L'empereur Guillaume II, dans son discours du trône, aux premiers jours du mois d'août 1914, a déclaré qu'il voulait la paix, mais que la Russie l'avait contraint à sortir l'épée du fourreau.

Le *Livre jaune* a prouvé nettement que cette audacieuse affirmation était contraire à la vérité. L'histoire impartiale la jugera sévèrement.

L'Allemagne voulait la guerre.

Le coup d'Agadir, le règlement des affaires marocaines, l'accord congolais et tant d'autres provocations à l'égard de la France n'avaient pas réussi. Le meurtre de Sérajevo devait fournir l'occasion, impatiemment attendue.

Aussi, sans écouter les conseils de modération qui lui étaient donnés de Saint-Pétersbourg et de Londres, le kaiser, masquant une mauvaise foi évidente derrière l'ultimatum insolent qu'avait adressé Vienne à Belgrade, provoquait-il sans hésitation la lutte terrible, dont le succès, plein de promesses pour son orgueilleuse ambition, lui paraissait devoir être assuré et rapide.

Le colosse militaire allemand devait-il redouter les vaincus de Sedan, les hordes russes, si lentes à mobiliser ? Et, dans le cas où l'Angleterre sortirait de sa neutralité, de quel appui pourraient être sur le continent ses soldats *mercenaires* ?

Assurément, la flotte anglaise était nombreuse et redoutable; mais la jeune et ardente marine allemande ne saurait-elle pas disputer aux croiseurs et dreadnoughts britanniques la maîtrise des mers ?

La situation politique ne paraissait pas moins engageante : la Grande-Bretagne, agitée par la vieille querelle du *home rule;* Saint-Pétersbourg, aux prises avec de graves émeutes ouvrières; en France, un procès bruyant, qui avivait encore les dissentiments politiques, pendant que le Président de la République et le président du Conseil étaient tenus éloignés par l'obligation de rendre à l'empereur de Russie et aux rois des pays scandinaves les visites que ces souverains avaient faites à Paris.

L'Italie, laissée soigneusement en dehors des négociations secrètes entre Berlin et Vienne, voudrait peut-être conserver la neutralité, en invoquant les termes mêmes de son traité d'alliance ? Mais pourquoi s'en préoccuper ? Les 12 millions de soldats que pouvaient fournir l'Allemagne et l'Autriche-Hongrie ne suffiraient-ils pas à écraser les armées de la Triple-Entente ?

Jamais moment n'avait paru plus favorable à Berlin pour satisfaire les exigences impatientes des pangermanistes et du parti militaire, pour « enlever à la France le droit de parler dans le concert européen et l'écraser si complètement que jamais plus elle ne se trouve sur le chemin de l'Allemagne (1) ».

---

(1) *La guerre d'aujourd'hui*, du général von BERNHARDI.

Porter les limites de l'empire allemand juqu'à la mer du Nord et agrandir son domaine colonial sur toutes les mers aux dépens des faibles et des vaincus, tel était le projet ambitieux du général von Bernhardi et des pangermanistes, projet dont l'exécution devait soutenir l'industrie nationale en péril et faciliter l'expansion mondiale de l'Allemagne, après avoir ruiné pour longtemps les industries de la France et de l'Angleterre, les deux grandes rivales.

L'heure décisive (1) avait sonné de conquérir la *pax germanica*, la paix qui devait courber l'univers sous la domination teutonne !

Pas de répit. L'Allemagne ne permettrait pas à l'empire russe de compléter ses voies stratégiques, à la France d'appliquer la loi qu'elle venait de voter sur le service de trois ans, à l'Angleterre de décider le service militaire obligatoire.

L'amiral von Tirpitz aurait bien désiré qu'on lui laissât tout au moins le temps de renforcer sa flottille de sous-marins. Mais l'Allemagne ne disposait-elle pas, pour tenir tête à la flotte anglo-française, des solides bases offensives qu'elle avait établies sur la mer du Nord, du canal de Kiel et de la puissante forteresse d'Héligoland, que lui avait si imprudemment abandonnée l'Angleterre (2) ?

---

(1) *L'heure décisive*, du lieutenant-colonel von F. FROBÉNIUS. Cet ouvrage, paru en février 1914, avait valu à son auteur les félicitations et les encouragements du kronprinz.

(2) La cession d'Héligoland à l'Allemagne, votée par les deux Chambres du Parlement britannique en juillet 1900. L'empereur Guillaume II avait reconnu avec raison que le

L'heure décisive avait bien sonné; et la déclaration de guerre, *voulue de l'empereur Guillaume*, était saluée à Berlin par *l'approbation unanime du Reichstag*.

———

canal de Kiel ne pourrait avoir son entière valeur sans l'annexion d'Héligoland, et aussitôt après cette annexion, les défenses de l'île avaient été considérablement renforcées.

II

Par quelle voie devait être dirigée l'attaque contre
la France ? Indubitablement par le Luxembourg et la
Belgique.

Les grandes places fortes françaises, sur la frontière d'Alsace-Lorraine, seraient ainsi évitées; et la
vallée de l'Oise, laissée par nous sans défenses sé-
rieuses, offrirait une route facile et directe sur Paris,
qui demeurait toujours l'objectif principal de l'invasion.

Deux mois après le commencement des opérations
militaires, les colonnes allemandes auraient pénétré
dans la capitale, et la France serait tenue à merci !

N'était-ce pas un projet semblable qu'avait conçu
Frédéric II, lorsqu'il voulait amener devant Paris les
forces coalisées de la Prusse, l'Autriche, l'Angleterre
et la Hollande, après avoir pris soin de bloquer Dunkerque (1) ?

Cette fois, il est vrai, l'Angleterre et la Hollande
n'étaient plus avec l'Allemagne; mais, avec l'aide de
son Dieu et de ses nombreuses armées, le kaiser saurait bien forcer tout obstacle; et, conquérant heureux,
sa gloire militaire surpasserait celle du grand Frédéric.

Quelle satisfaction pour son orgueil immense !

---

(1) *Revue des Deux-Mondes* du 1ᵉʳ décembre 1914.

Le souvenir d'un entretien tenu en novembre 1913 avec le roi Albert aurait pu provoquer quelque défiance à l'égard de la Belgique dans l'esprit de l'empereur Guillaume. Mais comment le petit peuple belge voudrait-il méconnaître ses propres intérêts ? Comment oserait-il ne pas s'incliner docilement devant la volonté de son puissant voisin ?

Au reste, l'influence allemande, préparée depuis tant d'années, du Luxembourg à la mer du Nord, par une active propagande et par un habile espionnage, ne devait-elle pas éloigner toute crainte de résistance chez des populations demi-wallonnes, demi-flamandes, à tendances quelque peu particularistes ?

Sans doute, l'Europe protesterait contre la violation du territoire d'un Etat dont elle avait voulu assurer la neutralité. Mais qu'importait un traité pour des diplomates élevés à l'école de Bismark, ce « sauvage de génie », qui avait falsifié la dépêche d'Ems et osé affirmer que la guerre de 1870 fut imposée par l'agression de la France !

Une convention, un traité, ces « chiffons de papier » devaient-ils entrer en considération, lorsqu'on se trouvait devant l'adversaire ?

Non, assurément. On n'avait pas oublié, à Berlin, la maxime du grand Frédéric : « S'il faut duper, soyons fripons », non plus que le principe de von Blum : « *Le droit de guerre permet tout ce qui nuit à l'ennemi... Les traités que les belligérants ont conclu entre eux perdent leur valeur juridique astreignante dès que la guerre a éclaté.* »

Donc, pas d'hésitation possible; aucune ombre de

scrupule. Rien n'empêchera l'exécution immédiate du projet d'attaque de la France, tel qu'il a été préparé par le grand état-major de Berlin et approuvé par le kaiser, et dont la réussite certaine assurera à l'empire allemand l'hégémonie suprême en Europe.

Les armées allemandes, tenues prêtes à franchir la frontière du Luxembourg, traverseront la Belgique en ouragan, bousculeront les armées françaises et fonceront sur Paris, qui, surpris avant même d'avoir eu le temps de compléter les défenses de son camp retranché, sera vite terrorisé et réduit.

La victoire ainsi rapidement acquise, on imposera à la France la *loi du vainqueur*.

Tels étaient les sentiments qui prévalaient à Berlin au mois de juillet 1914 et que la presse allemande allait développer dans tout l'empire.

L'ultimatum inconvenant du kaiser était signifié à Saint-Pétersbourg, et l'attaque brusquée de la France commençait le 3 août 1914, par le Luxembourg et la Belgique, au mépris de la parole donnée et des traités consentis.

III

« *Pour vaincre une coalition, l'Allemagne devra devancer ses adversaires et employer des moyens plus féroces que dans les guerres antérieures* (1). »

Le kaiser devait se conformer strictement aux avis du général von Bernhardi, son conseiller et son inspirateur.

Ses armées, en se ruant sur le Luxembourg et la Belgique, répandaient sur leur passage l'épouvante et la terreur, se livrant partout à des actes de sauvagerie et de férocité sans nom.

Mais, première déception. Le lion de Belgique s'était dressé devant l'aigle germanique. Sous l'impulsion d'un roi héroïque, qui refusait de s'écarter de la voie tracée par le devoir et l'honneur, l'armée belge résistait; Liége et Namur barraient les passages de la Meuse; la marche de l'envahisseur était retardée de plus de deux semaines. Cependant que « la misérable petite armée » du général French entrait en ligne avec les troupes françaises accourues au secours de la Belgique.

Puis, lorsque, après le combat de Dinant et la bataille indécise de Charleroi, les armées allemandes étaient attirées sur la Marne par une manœuvre habile de notre haut commandement, elles subissaient

____

(1) *La guerre d'aujourd'hui*, du général von Bernhardi.

là un sanglant échec. Deuxième déception, plus cruelle encore, car c'était la retraite obligée, l'abandon de l'objectif si envié, que le kaiser, dans sa confiance présomptueuse, s'était flatté de pouvoir atteindre avant la fin du mois de septembre !

L'attaque brusquée de la France par la Belgique ne pouvait avoir chance de réussite qu'à la condition de ne pas être arrêté par l'armée belge et de battre les armées françaises.

Or, les Belges avaient résisté, et nous étions vainqueurs.

Les gros projectiles de rupture, préparés mystérieusement dans les usines d'outre-Rhin, avaient pu causer de terribles destructions, mais sans produire l'effet moral qu'en attendait l'état-major allemand, et notre merveilleux canon de 75 avait infligé à l'ennemi de lourdes pertes, bien difficiles à réparer.

Tout allait mal pour l'Allemagne, militairement comme diplomatiquement !

Elle avait escompté les discordes des partis politiques en France, l'indifférence des Belges. Et voilà que la France donnait au monde le plus admirable exemple d'union et d'élan patriotique, une preuve éclatante de vitalité nationale; la Belgique, une marque d'héroïsme, qui sera pour elle, comme pour son roi, un titre de gloire éternelle.

Pourquoi donc aucune des prévisions allemandes n'avait-elle pu se réaliser ? Comment une machine de guerre aussi puissamment organisée que l'étaient les armées allemandes a-t-elle pu être disloquée si rapidement, malgré les efforts surhumains, et — il

faut le reconnaître — l'audacieux courage de troupes
nombreuses, disciplinées et aguerries ?

L'histoire de la guerre le dira plus tard; elle mon-
trera quelles causes d'ordre militaire ont pu motiver
l'insuccès de notre adversaire. A l'heure actuelle, il
ne saurait être question que des causes d'ordre moral et politique, des erreurs de psychologie nationale,
dont l'influence sur les événements est intéressante à
signaler dès maintenant.

La cynique violation du territoire belge, la méga
lomanie menaçante des pangermanistes, la duplicite
du kaiser et de son gouvernement avaient soulevé
contre l'empire allemand les craintes de ses voisins
et la réprobation universelle.

En établissant le projet d'attaque de la France, sans
se préoccuper de la situation et de l'opinion en Europe, on avait oublié, à Berlin, que des opérations
militaires — surtout lorsqu'une coalition est menaçante — doivent se conformer aux directions politiques et non pas les commander.

L'empereur Guillaume avait trop compté sur sa
haute influence en Europe et sur les craintes qu'ins-
pirait la puissance militaire de l'empire allemand.

Pouvait-il donc espérer que la Belgique laisserait
libre passage à ses armées, et que l'Angleterre res-
terait neutre dans une guerre européenne. Ignorait-il
qu'on connaissait, à Bruxelles et à Londres, les se-
crets desseins des pangermanistes, et que le maintien
de l'intégrité de la France et de la Belgique était re-

connu indispensable pour la sécurité de la Grande-Bretagne (1) ?

Comment avait-il pu s'illusionner au point de croire que ses propositions insidieuses, ses tentatives de chantage avaient chance de réussir auprès de nations jalouses de leur honneur ?

A Londres comme à Bruxelles, les avances impériales devaient être et étaient, en effet, rejetées, sans hésitation et avec mépris. Bien plus, les colonies britanniques promettaient leur concours à la métropole, tandis que le Japon sommait le gouvernement allemand d'abandonner Kiaou-Tchéou.

Des fautes aussi graves que celles commises par la chancellerie allemande devaient nécessairement amener de poignantes déceptions chez ceux qui n'avaient pas voulu tenir compte de la grande force morale que recèle l'âme d'une nation menacée dans son existence. Et lorsque, après leur défaite sur la Marne, les armées allemandes étaient contraintes à la retraite, le dépit et le désir de vengeance surexcitaient encore chez notre ennemi ses instincts de cruauté et provoquaient ces actes de sauvagerie inutile dont Reims, Ypres, Soissons et tant d'autres cités françaises et belges conserveront le terrible souvenir.

Voyant la victoire lui échapper, et craignant l'anéantissement d'espérances chimériques, le kaiser, qui ne pouvait devenir le maître de l'Europe, voulait tout au moins en être le fléau.

____

(1) *Le danger allemand*, de Robert Blatchford.

IV

Les atrocités commises par les armées allemandes
dans le Luxembourg, en Belgique et en France sont
trop multipliées pour trouver place dans une étude
rapide de l'invasion.

Les accusations indignées d'un citoyen belge, qui
a frémi d'horreur devant son pays martyrisé (1); les
rapports officiels des commissions d'enquête française et belge ont déjà dénoncé hautement les actes
de banditisme des Allemands, et bien d'autres témoignages suivront, qui ne sauraient être mis en doute.
Mais il importe, cependant, de signaler ici la préméditation voulue dans l'accomplissement de ces actes
monstrueux.

Dès leur entrée dans le Luxembourg et en Belgique, les hordes envahissantes terrorisaient le pays;
et le 26 août, un soldat allemand mentionnait sur son
carnet de route : « Nous quittons la Belgique telle
que nous l'avons traversée, laissant derrière nous les
villages en flammes... Meurtres et incendies partout (2)... »

Et depuis la frontière belge jusqu'à la Marne, les
meurtres et les incendies continuaient sans relâche !
« Nous avons vu des hommes qui se disent civilisés

____

(1) *Les barbares en Belgique*, de Pierre NOTHOMB.
(2) Lettres de soldats.

apparaître comme des bêtes fauves et commettre les actions les plus viles et les plus barbares (1). »

Ils pourront appuyer ce haut témoignage de l'évêque de Soissons, tous ceux qui ont vu comme lui les dévastations et les crimes des soldats allemands, qui ont suivi les lamentables odyssées d'émigrés belges et français, durant les derniers jours d'août et au commencement de septembre, lorsque l'invasion se ruait sur Paris, précédée par les nouvelles terrifiantes des massacres de Belgique : *hommes fusillés, femmes violées, enfants mutilés !*

Le long des routes poussiéreuses de la Champagne, allaient péniblement des véhicules de toutes sortes qui avaient échappé aux réquisitions, de grands chars à moisson sur lesquels vieillards, femmes et enfants étaient entassés, avec partie du mobilier et quelques vivres. Derrière, suivaient les gens valides et le bétail enlevé à la ferme.

Chaque soir, la triste caravane faisait halte auprès d'un village pour le repos de la nuit; et le lendemain, avant que le jour ait paru, elle repartait en hâte, anxieuse d'échapper à l'ennemi, dont le canon grondait au loin.

Où allaient-ils ces émigrés ? Ils l'ignoraient.

Fuir la lance des uhlans, sauver les femmes et les enfants était leur seul but ! Combien de jours et de nuits passés ainsi dans la privation et dans l'anxiété,

---

(1) Paroles prononcées par Mgr PÉCHENART, évêque de Soissons, à la Madeleine, en février 1915.

loin du foyer que beaucoup ne devaient jamais re-
voir !

Ah ! les moyens d'épouvante et de cruauté avaient
bien progressé depuis 1870 ! Le kaiser et son état-
major devaient être satisfaits de leur œuvre; et si nos
vaillantes armées n'avaient pas barré la route aux
nouveaux vandales, ils auraient accompli leurs sinis-
tres projets jusqu'au bout, jusqu'à la dévastation
complète de Paris et de la France entière.

Clausewitz n'avait-il pas dit : « *La rigueur n'a
d'autres limites que l'épuisement et la destruction du
pays.* »

Des journaux d'Allemagne n'ont pas craint d'invoquer, comme prétexte des atrocités, la « nécessité militaire », l'obligation pour les troupes allemandes de
punir les agressions de la population civile et de
prévenir par la terreur de nouveaux actes d'hostilité.

Prétexte mensonger. « Les crimes commis doivent
être imputés à l'ivrognerie des soldats, au plaisir sa-
dique d'infliger des souffrances, à des ordres de destruction systématique émanant des autorités militaires
supérieures (1). »

Oui, surtout à *des ordres de destruction systématique* qui sont conformes aux principes inculqués aux
officiers allemands par les maîtres de la doctrine de
guerre à Berlin et qui s'adaptent si bien à la brutalité
et à la sauvagerie teutonnes :

« *Tout ce qui nuit à l'ennemi est permis; tout,*

---

(1) Huitième rapport officiel de la commission d'enquête
belge.

même le pillage et l'incendie, le meurtre et le viol; et les ordres devront être d'autant plus rigoureux et cruels que la résistance paraîtra plus difficile à vaincre, qu'il faudra terroriser davantage (1). »

Qu'on ne s'étonne donc pas si un général Stenger ordonne de « massacrer les prisonniers et les blessés et de ne laisser en arrière aucun Français survivant (2) »; si des otages civils sont fusillés ou contraints à de rudes travaux; si des villes ouvertes et des villages, des monuments et des cathédrales sont ruinés par des projectiles ou dévastés par des engins incendiaires; si, en tous lieux, sont commis des attentats criminels contre les propriétés et contre la population civile, au mépris du droit des gens et de la convention de La Haye de 1907, qu'ont acceptée et signée les représentants de l'Allemagne !

Encore une fois, qu'importaient des conventions et des traités aux disciples des Clausewitz, Julius von Hartman et von Bernhardi; leur excuse n'était-elle pas toujours prête : « Ce sont les rigueurs de la guerre ! »

La guerre avait donc été *préméditée avec sa perfidie et ses atrocités* par le grand état-major de Berlin et par le kaiser. Et si les intellectuels persistent à nier, s'ils opposent un démenti aux rapports des commissions d'enquête belge et française, aux affirma-

---

(1) « La doctrine allemande de la guerre » (*Revue de Paris*, 15 janvier 1915, Ch. ANDLER).

(2) Ordre donné par le général Stenger, le 26 août 1914, à la brigade qu'il commandait (58ᵉ brigade, formée des 112ᵉ et 148ᵉ régiments d'infanterie badoise).

tions et aux preuves apportées par ceux qui ont vu
et souffert, nous mettrons sous leurs yeux le recueil
des atrocités allemandes, racontées *par les Allemands
eux-mêmes*, dont les témoignages indéniables corro-
borent en tous points les rapports officiels (1).

Peut-être, désireux de répudier leur sauvage doctrine de guerre, aujourd'hui que les alliés touchent
à la victoire et que se rapproche le moment du règlement des comptes, peut-être les Allemands voudront-
ils encore invoquer comme excuse la présence de
soldats apaches ou ivres et la nécessité de représailles
pour punir des attaques de non-combattants ?

Excuse mauvaise et inacceptable !

Le *Vorwaerts* lui-même a convaincu de mensonges
la presse pangermanique et affirmé qu'à Louvain « ni
prêtres, ni étudiants n'avaient tiré sur les troupes
allemandes (2) »; et sir Thomas Barclay a affirmé que
« le sac de Louvain fut non pas un acte de représaille
mais un acte d'intimidation (3) ».

Au reste, tous les témoins de l'occupation allemande et du bombardement de Reims, pendant le

---

(1) « Les atrocités allemandes, d'après les Allemands »
(*Revue de Paris*, 1ᵉʳ janvier 1915, Joseph Bédier). L'article 75
du règlement sur le service en campagne de l'armée allemande recommande aux soldats de rédiger, en cours de
route, des « journaux de guerre ». Ce sont ces journaux,
trouvés sur des prisonniers allemands, qui seront réunis en
un recueil actuellement en préparation par les soins du mar-
quis de Dampierre.

(2) « Journal d'une Française en Allemagne » (*Revue de
Paris*, 1ᵉʳ janvier 1915).

(3) « Vengeance in war » (*The nineteenth Century*, janvier
1915, by sir Thomas Barclay).

mois de septembre 1914, pourront attester qu'à aucun moment la conduite des habitants de la malheureuse cité n'a motivé de représailles, et que le prétexte donné de l'installation d'un poste militaire d'observation sur la tour nord de la cathédrale, en vue de justifier leur forfait le plus monstrueux, n'est qu'un mensonge indigne (1).

Ce serait une tâche impossible à réaliser que vouloir énumérer les crimes des soldats allemands et de leurs chefs responsables, contre des populations inoffensives, en dehors des champs de bataille et sans aucune nécessité militaire, qu'essayer de mentionner les villes, les villages, les monuments et les hôpitaux ruinés ou incendiés à l'aide d'engins de destruction que les compagnies allemandes traînaient avec elles : pompes à pétrole, grenades incendiaires, etc...

Les renseignements donnés par les rapports des commissions d'enquête, les aveux mêmes des soldats allemands, consignés dans leurs propres carnets de route, seront des témoignages suffisamment probants de la multiplicité et de la monstruosité des attentats commis. Mais il faut surtout retenir ici que l'ignoble besogne a été accomplie *par ordre et méthodiquement*, non seulement isolément par des brutes avinées, *mais aussi collectivement en service commandé*.

L'honneur des chefs des armées allemandes, qui ont donné et fait exécuter des ordres barbares et odieux, contraires aux lois de l'humanité, restera entaché d'une marque d'opprobre ineffaçable.

---

(1) « Trois semaines à Reims » (*La Revue*, octobre-novembre 1914).

V

Lorsque, après notre belle victoire sur la Marne, le kaiser, incapable de modifier son projet d'offensive, comme eût pu le faire un Napoléon Ier, s'était reconnu impuissant à soutenir la lutte avec des troupes décimées et démoralisées, il avait aussitôt ordonné la retraite des armées allemandes sur leur base d'opérations.

Mais il importait, avant tout, de « sauver la face » vis-à-vis de l'Allemagne attentive et déjà défiante; il fallait aussi, en maintenant le théâtre de la guerre éloigné des frontières allemandes, s'assurer tout le temps nécessaire pour ruiner les pays envahis, suivant les conseils de Clausewitz : « *Le dommage le plus efficace qu'on puisse causer à l'ennemi est la mainmise sur son territoire...; dans l'invasion d'un pays, on doit avoir pour but, sinon de le garder, d'y lever des contributions, voire simplement de le dévaster.* »

La guerre offensive s'était donc transformée en guerre défensive, aussitôt après le 12 septembre, lorsque les Allemands avaient dû abandonner Reims précipitamment, pour occuper les positions de Berru et de Brimont, mises en état de défense.

C'est alors que commença sur toute l'étendue du front cette véritable guerre de sège, qui avait été étudiée dès l'avant-guerre et même préparée par des mesures secrètes et un habile espionnage (1).

L'*espionnage allemand*, cette véritable institution nationale qu'appréciaient naïvement des soldats allemands dans leurs carnets de route, lorsqu'ils retraversaient le département de l'Aisne, après la bataille de la Marne : « Nous avons été heureux de trouver les carrières inexpugnables que ces idiots de Welches avaient laissé préparer par les Allemands en temps de paix... », et « les damnés canons de ces cochons de Français nous mènent la vie dure !... A quoi bon avoir entretenu en France deux cent mille espions pour n'avoir pas réussi à voler le secret du 75 (2) » ?

Le chiffre *deux cent mille* est consigné en toutes lettres sur le carnet allemand, qui mentionne aussi cette observation intéressante : « Après la bataille de la Marne, certains corps d'armée étaient en déroute complète, et si les Français n'avaient pas été aussi fatigués, ils auraient fait d'eux ce qu'ils auraient voulu (2). »

Sans nul doute, il est regrettable que nous ayons été empêchés, pour des raisons qui seront connues plus tard, de mettre à profit notre brillante victoire; mais il est peu probable cependant que nous ayons pu repousser l'ennemi bien loin, le chasser des positions où il avait eu la prévoyance de préparer une

---

(1) « L'espionnage allemand, véritable institution nationale » (*La Revue*, octobre-novembre 1914, p. 545).
(2) Lettres de soldats allemands.

solide défense et éviter ainsi la guerre lente et pénible qu'il allait nous imposer.

D'ailleurs, cette guerre de tranchées et d'usure, si peu en rapport avec le tempérament français, nos vaillantes troupes ne la redoutaient pas et elles devaient la soutenir avec une vigueur et une ténacité qui ont surpris nos adversaires eux-mêmes.

Le général von Bülow avait dit, après Charleroi, « que notre infanterie était brave, mais qu'elle avait besoin d'être formée ».

Son opinion a-t-elle été modifiée par les journées de la Marne ? Tout au moins, ne pense-t-il pas, après cette lutte acharnée de plus de huit mois, durant laquelle les armées allemandes ont subi des pertes effroyables sans parvenir à gagner un pouce de terrain, obligées au contraire à céder tous les jours sous une pression continue et irrésistible; ne pense-t-il pas que nos fantassins sont suffisamment formés aujourd'hui ? Et voudra-t-il reconnaître que la dure guerre de tranchées aura su inculquer aux troupes des alliés les deux vertus nécessaires pour notre triomphe définitif : *la patience et la ténacité ?*

Si notre moral s'est surélevé par une foi plus vive dans la victoire, en est-il de même du moral de nos adversaires ? Le général von Bülow ne le croira pas plus que nous, lorsqu'il lira les aveux que ses propres soldats ont consignés dans leurs notes de campagne, dont je citerai seulement les plus significatives : « Il me semble presque que cette guerre de siège éprouve davantage que les fatigues et les violents combats des premières semaines... Les nerfs les plus solides souffrent de cette existence... »

« Oh ! comme on désire la paix et la tranquillité ! Mes camarades sont maintenant au bout de leurs peines, soit qu'ils aient le bonheur d'être légèrement blessés, soit qu'ils soient morts. »

Et encore : « Quelle misère sans nom sortira de cette terrible guerre ! Ah ! si Dieu voulait qu'elle finisse ! »

Ces réflexions et tant d'autres aussi pessimistes dénotent-elles suffisamment la dépression et le découragement chez nos adversaires ? Et comment pourrait-il en être autrement, après les hécatombes sur l'Yser, en Champagne et dans l'Argonne, après tant de fatigues et de déceptions !

Depuis la retraite de ses armées au mois de septembre, quels sont les succès que le kaiser a pu enregistrer ?

Il a bien considéré comme une victoire la prise facile et sans résultat militaire d'Anvers, et il en a profité pour jeter un cri triomphal au delà du Rhin. Il fallait bien tromper l'Allemagne en lui laissant croire que sa mortelle ennemie allait pouvoir être menacée plus rapidement et plus sûrement. Mais l'Allemagne est incrédule aujourd'hui, et le peuple allemand devient chaque jour plus sceptique, lorsqu'il voit Dunkerque et Calais aussi inabordables que Paris, lorsqu'il reconnaît que le blocus des côtes de la Grande-Bretagne ne sera qu'une menace chimérique.

Des armées qu'on lui avait dit invincibles, qui devaient, dans une offensive foudroyante, réduire en quelques mois la France à merci, il les voit terrées sur tout le front, impuissantes à forcer la barrière de plus en plus inébranlable que leur opposent les alliés !

Comment ne pas s'émouvoir au delà du Rhin, où malgré les nouvelles mensongères de l'agence Wolff, la vérité doit cependant finir par se faire jour, si l'on en croit cette lettre écrite par un Allemand à son fils dans une tranchée des Flandres : « On nous cache la vérité, mais les avions ont jeté ici des journaux italiens et suisses; à les entendre, ces attaques en masse dans le Nord, c'est fantastique comme massacre, et pour aboutir à quoi ?... Le fait est qu'en dépit de nos attaques à fond par nos meilleures troupes, notre garde impériale, nous sommes bel et bien arrêtés; l'ennemi se renforce de jour en jour et je n'ose envisager l'avenir... »

Sans doute, le peuple allemand ne devait pas rester insensible aux pillages, aux déprédations sans nombre, dont les produits, emportés de France et de Belgique, étaient distribués ou vendus dans toute l'Allemagne.

Les petits profits de la guerre ne sont jamais à dédaigner pour un Allemand.

La preuve en est dans cette lettre pleine de franchise d'une Gretchen : « Les souliers ne vont pas; mais le reste nous a fait bien plaisir. Nous n'avons pas besoin de nous cacher, car les autres ont envoyé beaucoup plus d'objets que toi. Il y a entre autres

des marmites françaises très appréciées. Si vous trou-
vez encore de la vaisselle française, expédiez-la (1). »

Ah ! la guerre n'a pas cessé d'être pour l'empire
allemand ce qu'elle était autrefois pour la Prusse de
Frédéric : « une grande industrie nationale ».

Mais aujourd'hui que l'industrie est en péril, que
les envois aux Gretchen sont de plus en plus réduits,
le kaiser saurait-il encore invoquer, comme marque
de triomphe, tous les vols organisés dans les pays
envahis, aussi bien dans les modestes habitations que
dans les châteaux somptueux, sous la direction d'officiers, qu'aidaient parfois dans cette besogne malpro-
pre leurs femmes accourues tout exprès d'Allemagne, et que guidaient ces espions de l'avant-guerre,
auxquels nous avions accordé une hospitalité trop
confiante ?

Il doit reconnaître maintenant que ses armées ne
sont plus invincibles, qu'accrochées désespérément à
la Belgique et au nord de la France, elles pourront
encore brûler et dévaster, assouvir leur soif de ven
geance barbare par des crimes odieux, mais qu'*elles
ne vaincront pas*.

Il pourra continuer à faire bombarder la cathé
drale de Reims, à sacrifier les soldats de sa garde,
cependant que, de son quartier général, il ira, impu-
demment ou inconsciemment, chasser le sanglier
dans la forêt des Ardennes (2). Aucun de ses for-

---

(1) Lettres de soldats allemands.
(2) « L'Empereur s'amuse » (*Journal des Ardennes* pendant l'occupation allemande, février 1915).

faits, si colossal soit-il, ne parviendra à persuader le peuple allemand qu'il a réellement conquis des provinces convoitées depuis longtemps et qui lui étaient promises.

Bientôt sonnera pour la Belgique et nos départements, encore souillés par l'invasion teutonne, l'heure de la délivrance, et l'étau immense et puissant qui étreint déjà l'empire allemand se refermera progressivement et sûrement pour l'écraser.

VI

Déjà le blocus de l'Allemagne est bien effectif sur terre comme sur mer. Rien ne saura conjurer le moment fatal pour elle, plus rapproché peut-être qu'on le croit.

Le forcement des Dardanelles et la prise de Constantinople, les mesures contre le commerce allemand qui viennent d'être prises d'accord avec le gouvernement de la Grande-Bretagne vont resserrer encore l'encerclement de l'Allemagne et de l'Autriche-Hongrie, qui, comptant toutes deux sur une victoire rapide, n'ont pas dû constituer des approvisionnements pour une guerre de longue durée.

Quoi qu'il en soit, les menaces de l'empereur Guillaume aux alliés et aux neutres ne nous empêcheront pas de vaincre; et le jour approche où le théâtre de la guerre sera reportée tout entier sur le territoire germanique, aussi bien en Occident qu'en Orient, et où les deux empires du centre de l'Europe ne seront plus qu'un vaste camp retranché investi sur tout son pourtour, sans aucun espoir de secours extérieur.

Et personne n'ignore que « toute place investie qui n'est pas secourue est une place condamnée ».

Combien de temps faudra-t-il aux alliés pour aller jusqu'au bout, jusqu'à l'écrasement du néfaste empire que Versailles a vu fonder il y a 44 ans ?

Qu'importe ! Ayons confiance et gardons-nous de

toute impatience dangereuse, de toute nervosité irré-
fléchie.

Pouvions-nous espérer réduire en quelques semaines une machine de guerre aussi puissamment
organisée et outillée que l'étaient les armées allemandes ?

Ne voyons-nous pas qu'après plusieurs mois d'efforts surhumains et des pertes insensées, notre adversaire n'a réussi nulle part à rompre le front des
alliés, et qu'aujourd'hui, affaibli et démoralisé, il est
presque aux abois.

Ecoutez encore les lamentations d'un Allemand :
« Le commandant B... nous écrit que beaucoup de
ses soldats, presque les trois quarts de son régiment,
sont tués ou blessés; beaucoup d'officiers égale-
ment... C'est vraiment bien triste ! Espérons que la
guerre ne durera plus bien longtemps, car bientôt il
ne restera plus âme qui vive (1)... »

Et celles-ci toutes récentes, qui ont été extraites
du carnet d'un officier allemand fait prisonnier à
Vauquois : « Depuis quinze jours bientôt, les Français nous attaquent sans relâche et leurs assauts de-
viennent chaque jour plus vigoureux. Nous résistons
encore, mais pour combien de temps ? Si nous de-
vons reculer, qui sait ce qui adviendra ? »

De pareils sentiments ne dénotent-ils pas une pro-
fonde dépression dans les âmes allemandes et ne doi-
vent-ils pas consolider notre foi dans l'avenir ?

Est-ce que l'union étroite et indissoluble que les

---

(1) Lettres à des soldats allemands.

alliés ont affirmée sur les champs de bataille, aussi bien que dans l'action diplomatique et le domaine financier, n'est pas un sûr garant de notre triomphe définitif dans cette guerre impitoyable qu'a soulevée l'orgueilleuse folie d'un empereur ?

Ayons donc pleine confiance.

L'échéance finale pourra tarder encore; mais elle est indubitable. Chaque jour voit accroître nos forces et diminuer celles de l'ennemi, en même temps qu'augmentent son mécontentement et ses craintes.

Déjà, en Allemagne comme en Autriche-Hongrie, l'émeute est menaçante, et la presse allemande désabusée devient moins agressive contre les neutres, qu'il importe de ménager.

La lutte sans merci qu'a provoquée la volonté du grand « commediante » de Berlin, poursuivant son rêve d'hégémonie mondiale, sera continuée par les alliés *jusqu'au bout.* L'empire allemand y succombera.

Alors viendra l'heure des réparations !

Quelles seront-elles, territoriales, pécuniaires ou autres ? Par quels moyens, après tant de ruines accumulées, pourra-t-on dédommager les populations qui auront souffert si longtemps et si cruellement d'une abominable frénésie de destruction ?

Il serait prématuré et téméraire d'essayer de répondre dès maintenant à semblable question.

Mais il faudra bien qu'ils soient sévèrement châtiés, ces apôtres de la Force contre le Droit, qui n'ont pas craint de déchaîner l'épouvantable fléau de la guerre pour donner satisfaction à leur monstrueuse mégalomanie, ceux dont la perfidie et les crimes odieux, prémédités et accomplis suivant la doctrine de guerre la plus sauvage, ont soulevé le dégoût et le mépris universels !

« Il faudra bien qu'il y ait une justice sur terre contre ceux par la volonté de qui l'humanité a tant souffert et va tant souffrir encore. Il faudra qu'elle soit implacable (1). »

Cette justice, nous l'attendrons patiemment et résolument.

Nous continuerons la lutte et nous poursuivrons nos revendications *jusqu'au bout*, ne voulant pas exposer les générations futures à souffrir comme a souffert la nôtre. Et, demeurant toujours confiants dans la vaillance des soldats héroïques qui sacrifient stoïquement leur vie pour l'honneur et la liberté, nous conserverons notre foi dans l'indissoluble union des alliés et aussi dans la sympathie des neutres, qui savent bien maintenant que les alliés défendent les droits des nations contre les attaques perfides d'un empire dont la folle et redoutable ambition voulait l'asservissement du monde, et qu'il faut à tout prix réduire pour assurer la tranquillité de l'Europe et la sécurité de l'humanité.

Par son odieuse agression, par les atrocités et les crimes commis sur l'ordre du kaiser et des chefs de ses armées, l'Allemagne a provoqué dans nos âmes un sublime élan, qui fait l'admiration des neutres et

---

(1) « La guerre » (*Revue de Paris*, 15 janvier 1915, **Ernest Lavisse**).

permet d'affirmer la confiance de tous dans le triomphe prochain et *définitif* des alliés.

La guerre de 1914-1915, la *grande guerre*, comme on l'appellera dans l'histoire, aura transfiguré et ennobli la nation française, en même temps qu'elle marquera d'une souillure éternelle la nation allemande, faisant revivre dans les esprits ces paroles de Joseph de Maistre : « *Il y a des guerres qui avilissent les nations et les avilissent pour des siècles.* »

Paris, 16 mars 1915.

Général E. Dubois.

Paris et Limoges. — Imp. et libr. milit. Charles-Lavauzelle

Librairie militaire CHARLES-LAVAUZELLE

PARIS, 124, Boulevard St-Germain, et LIMOGES

Ce qu'il faut savoir de l'armée allemande. (12e édition, 1914.) In-12 de 130 pages, avec nombreuses vignettes, 12 planches en couleurs et 1 carte en couleurs hors texte, cartonné................ 2 50

Petit guide Français-Allemand *à l'usage du soldat français.* » 30

Prince DE BULOW. — **La politique allemande.** Traduit par M. HERBETTE, ministre plénipotentiaire. In-8º de 320 pages............. 10 »

LUCIEN CORNET, sénateur. — **1914-1915 : Histoire de la guerre.** TOME Ier. Volume in-8º de 380 pages.............................. 5 »

Général de division E. DUBOIS. — **Considérations sur la guerre de 1914-1915.** Brochure in-8º............................... 1 »

PIERRE DAUZET. — **La guerre de 1914-1915 : De Liége à la Marne,** avec une préface de M. G. HANOTAUX, de l'Académie française. Brochure in-8º, avec un croquis dans le texte et une carte en couleurs (56×76) du théâtre des opérations et de la situation successive dés armées. 2 50

Capitaine DE SÉZILLE. — **Conseils pratiques aux cadres de cavalerie** (Guerre de 1914). *Résumé des procédés nouveaux imposés par la guerre actuelle d'après l'expérience de cinq mois de campagne.* Brochure in-18 de 44 pages................................. 1 50

Commandant DE CIVRIEUX. — **Le Germanisme encerclé.** In-18 de 118 pages, broché................................. 1 50

L. H. T. — **La guerre contre l'Allemagne.** *Etude stratégique à l'usage des gens du monde.* In-12 de 144 pages, broché........ 2 »

Lieutenant RAFFENEL. — **L'armée anglaise.** *Son organisation et sa tactique.* In-8º de 174 pages, broché................. 2 50

Général ZURLINDEN, ancien ministre de la guerre. — **Anglais et Français.** *Les Anglais au combat, Fontenoy, Ligny et Waterloo.* Grand in-8º de 154 pages, broché.............................. 3 50

Dr J. AUBŒUF. — **Français et Allemands.** *L'alliance franco-russe et l'Allemagne.* Etude démographique et militaire des populations actuelles de la France et de l'Allemagne. In-8º de 122 pages, broché. 2 »

Capitaine BERNARD SERRIGNY, breveté d'état-major. — **La guerre et le mouvement économique.** *Leurs relations et leurs actions réciproques.* In-18 de 222 pages, broché....................... 3 50

Guerre de 1914-1915 : Carte du théâtre des opérations *(front occidental),* à l'échelle du 1/500.000e. 15 feuilles, avec répertoire alphabétique très complet de toutes les localités rendant les recherches extrêmement faciles, grâce à un ingénieux système de repérage, renfermées dans un étui solide.................................... 4 »

www.ingramcontent.com/pod-product-compliance
Lightning Source LLC
Chambersburg PA
CBHW051322060726
47596CB00004B/1436